99 + 1 (BONNES) RAISONS DE MANGER DU GRAS

Ce livre de Blandine Vié, alias Greta Garbure, experte en « couenneries » (néologisme de son cru) et autres rabelaiseries littéraires, est une ode légère aux gras gourmands qui font la spécificité et la renommée de la cuisine française.

L'auteur tient à remercier grassement son complice (terme de droit criminel !) Patrick de Mari, toujours prompt à lisser sa plume d'auteur en bonifiant sa prose d'un persillé subtil.

www.editions-artemis.com

ISBN : 978-2-8160-1205-7
N° d'éditeur : 8160
Dépôt légal : septembre 2017

Achevé d'imprimer : août 2017
Imprimé par Book Partners China

99 + 1 (BONNES) RAISONS DE MANGER DU GRAS

Greta Garbure

ARTÉMIS ÉDITIONS

I

PARCE QUE C'EST **BON !**

Salé ou sucré, le gras rend accro, fan, aficionado, addict, bref... **amateur.**

La joie de vivre et le jambon,
y'a pas trente-six recettes du bonheur !
Karadoc, philosophe du gras – Kaamelott , Alexandre Astier

C'est qu'est-ce que j'me dis d'puis toujours !

Bérurier, adjoint du commissaire San-Antonio
citation pastiche

LE GRAS, 2 C'EST LA VIE

L'affirmation suivante n'est pas une provocation : non seulement il existe de bonnes graisses mais certaines sont indispensables ; sans elles, la vie est impossible.

Jean-Marie Bourre
La nouvelle diététique du cerveau

3 Le premier aliment humain – le lait maternel – contient des matières grasses

La teneur en lipides du lait maternel est en moyenne de 40 g par litre. Elle peut varier entre 3 et 180 g selon l'heure de la journée, car les lipides ne se concentrent dans le lait humain qu'en fin de tétée.

C'est celui qui a du lait
qui peut faire la crème.
Proverbe bambara

4

Ma journée commence par une tartine beurrée

– [...] et une motte de beurre battu de la
veille au soir, qui pleurait encore son petit
lait sous le couteau, du beurre périssable,
point centrifugé, du beurre pressé à la main,
rance deux jours après, aussi parfumé, aussi
éphémère qu'une fleur, du beurre de luxe...
– Quoi, une tartine de beurre !
– Vous l'avez dit. Mais parfaite.

Colette, À portée de main

C'EST LE GRAS QUI FIXE LE GOÛT

5

Le gras a la propriété de fixer les arômes et les parfums. Il les piège, puis les restitue au moment de l'utilisation. En cuisine comme pour les produits cosmétiques.

D'ailleurs, n'est-il pas troublant – mais réjouissant – que la ville considérée comme la capitale mondiale du parfum soit française et s'appelle

GRASSE ?

6

C'EST BIEN MEILLEUR QUE L'ALLÉGÉ

Le yaourt allégé, ça veut dire :
ils enlèvent du gras, ils rajoutent du prix.

Anne Roumanoff, Supercherie des supermarchés

7

Prendre un couteau bien affûté, une planche
à découper, prélever de la bande de lard
deux tranches d'une épaisseur
d'un demi-centimètre, faire chauffer
une poêle, y placer une petite noix de
beurre, attendre qu'elle fonde puis disposer
à plat les deux tranches. Musique et délices.

Philippe Claudel, Parfums

PENDANT DES SIÈCLES, LE LARD A ÉTÉ LA VIANDE DE NOS CAMPAGNES

8

Ça donne
un joli teint

C'est aux œufs au bacon de leur breakfast que les Anglaises devraient leur teint de porcelaine ! Cela viendrait de la vitamine A (rétinol) contenue dans le gras du bacon, excellente pour la peau.

Brexit gourmand : en Angleterre, le bacon est la poitrine salée et parfois fumée du porc ; en France, il s'agit du filet (noix) de porc fumé.

9 C'est bon dès le p'tit déj !

Dès sept heures du matin, elle m'apportait elle-même une tasse de chocolat. Je n'en ai jamais bu de pareil. Un chocolat à s'en faire mourir, moelleux, velouté, parfumé, grisant. Je ne pouvais ôter ma bouche des bords délicieux de sa tasse.

Guy de Maupassant, Ce cochon de Morin

10

Parce que le steak-frites, c'est notre plat national

Le bonheur, c'est un plat de frites supplémentaire.

Charles Monroe Schulz, dessinateur de Snoopy

Les frites, c'est le fan-club du bifteck.

Grégoire Lacroix, Le penseur malgré lui

11

IL FAUT RÉHABILITER LE GRAS

Si on évite la goinfrerie, si on sait pratiquer l'attente saisonnière, si on a soin de mesure, alors on ne craint plus le gras. Réhabilitons donc le gras, sans lequel la viande n'est que femme squelettique.

Marie Rouanet, Petit traité romanesque de cuisine

12
POUR L'AMOUR DE LARD

– Tu aimes mieux ton père ou ta mère
– J'aime mieux le lard !
Dicton vosgien

Entre le néant et le chagrin,
j'aime mieux le lard,
comme disent les Auvergnats.
Jean-Patrick Manchette, auteur de polars

Saucisson, saucisse sèche, saucisse à la perche, rosette, jésus, chorizo, txirula basque, fuet catalan, finocchiona, salami, que d'occasions pour boire un coup entre amis !

Parce que sans saucisson…

pas d'apéro qui tienne

13

14 PARCE QUE FRITES ET VIN BLANC, C'EST L'ESPRIT GUINGUETTE

Voici le printemps,
La douceur du temps,
Nous fait des avances.
Partez mes enfants,
Vous avez vingt ans,
Partez en vacances.
Vous verrez agiles,
Sur l'onde tranquille,
Les barques dociles
Au bras des amants,
De fraîches guinguettes,
Des filles bien faites,
Les frites sont prêtes,
Et y'a du vin blanc...

Ah ! le petit vin blanc
Qu'on boit sous les tonnelles,
Quand les filles sont belles
Du côté de Nogent.

Jean Dréjac

15

Parce qu'il y a 50 nuances de gras...

Effectivement, le gras peut être soyeux, moelleux, satiné, velouté, croustillant, fondant, onctueux, doux, crémeux, suave, etc.
Que d'orgasmes en bouche !

16

[...] qu'il sera heureux
celui à qui vous
accorderez la grâce
de prendre dans ses
bras cette femme, de
l'embrasser et de frotter
son lard contre le sien.
François Rabelais, Pantagruel

Quoi de meilleur que de se frotter le lard (ou la couenne) ?

17 PARCE QUE LE JAMBON **REND LES GENS BONS**

Le mal temps passe, et retourne le bon,
Pendant qu'on trinque autour du gras jambon.

François Rabelais, Le quart livre

Et ça, c'était au XVIe siècle, bien avant la mode des tapas !

18

LES HOMMES PRÉFÈRENT LES GROSSES

Sa fille Cunégonde, âgée de
dix-sept ans, était haute en couleur,
fraîche, grasse, appétissante.
Voltaire, Candide

La grâce veut des formes rondes.
Voyez la joie d'une femme qui peut dire
de sa rivale : elle est bien anguleuse !
Balzac, Théorie de la démarche

19

On pense grâce AU GRAS

On pense avec le gras ! Le cerveau se caractérise par une concentration exceptionnelle en lipides (strict synonyme du mot « graisses »).

Jean-Marie Bourre, La nouvelle diététique du cerveau

Le cerveau est constitué essentiellement de graisse. Les plus nobles pensées humaines naissent dans le gras.

Amélie Nothomb, Biographie de la faim

20

Parce que même dans le vin, il y a du gras

Il y a des vins qui laissent des larmes grasses sur les parois du verre. C'est la richesse en glycérol qui donne cette sensation de gras et tapisse le palais.

Irma de Pickrat

21

Mon mari est une ANDOUILLE

Quand on fait l'andouille, on finit toujours pas être mangé…

Henri Jeanson, La tulipe noire

Andouille : homme assez bête pour épouser un boudin.

Philippe Bouvard, Bouvard de A à Z

22

JE PRÉFÈRE ME TAPER UN PARIS-BREST À TABLE PLUTÔT QU'À VÉLO

Patrick de Mari

Ce que j'aime dans la crème au beurre,
c'est la crème... et le beurre.
Diabétique anonyme du XXe siècle

23

Parce que le plat le plus emblématique de la cuisine française, c'est tout de même le foie gras

La Chalosse représente pour moi la mesure étalon des goûts originels. Du foie gras, du confit, des palombes, des cèpes...
Alain Ducasse

L'humour est ce qu'il y a de plus important après le foie gras.
Marcel Gotlib

24

Ce serait un crime de laisser de côté la peau du poulet rôti

Le gras donne le moelleux, le liant, il enveloppe, et le doré, sans lui, est d'une accablante tristesse. Si on se modère, on n'a plus de raisons de se priver de fritons, de beurre fondu, de crème épaisse, d'huile d'olive, ni de laisser nostalgiquement sur le bord de l'assiette la peau des volailles, arrosée et croustillante, ou le gras d'un magret.

Marie Rouanet, Petit traité romanesque de cuisine

25 Parce qu'il y a 365 fromages en France et que je ne veux pas mourir idiot(e)

Le camembert, ce fromage
qui fleure les pieds du Bon Dieu.
Léon-Paul Fargue

On peut lire sur les boîtes de fromage : « 45 % de matière grasse ». Sur les couvertures de certains romans, on devrait lire : « 1 % de matière grise » !
André Birabeau, écrivain et dramaturge

26

C'EST L'HEURE DE MES DÉVOTIONS

Je vais rendre grâces à Saint-Marcellin,
Saint-Félicien, Saint-Florentin,
Saint-Nectaire, Sainte-Maure-de-Touraine,
Pouligny-Saint-Pierre mais aussi
aux jésus de Lyon et de Morteau,
au Saint-Honoré et à vous,
bonnes religieuses au café et au chocolat.
Priez pour moi !

Je vais réciter un chapelet.
De saucisses, évidemment...

LE CHOCOLAT C'EST JOUISSIF

27

C'est vrai que le chocolat
c'est somptueux,
à mourir de bonheur.
Sonia Rykiel

Je ne connais rien de plus érotique
qu'une tablette au fort
pourcentage de cacao.
Paul-Loup Sulitzer

28 Pas de gras… pas de chocolat !

Pas de chocolat sans beurre de cacao. Une tablette peut en contenir de 18 g (chocolat de couverture) à 32 g (chocolat fondant) selon sa nature.

Ne croyez pas que le chocolat soit
un substitut à l'amour…
L'amour est un substitut au chocolat.

Miranda Ingram, journaliste britannique

On ne manie pas du beurre sans se graisser les doigts.

Proverbe français

29

Le *kouign-amann**, si tu mets des gants, tu sens pas que c'est gras

Patrick de Mari

* *kouign-amann* signifie « gâteau au beurre » en breton

30

PARCE QU'IL Y A DE LA POÉSIE DANS LE GRAS

C'était un monde de bonnes choses fondantes, de choses grasses.

Émile Zola, Le ventre de Paris

31

LA CUISINE AU BEURRE, C'EST LA TRADITION FRANÇAISE

André Colombey (Bourvil) [qui cuisine au beurre]
jetant au feu l'omelette préparée
par Fernand Jouvin (Fernandel) :
« Tiens, voilà ce que j'en fais moi, de ton huile ! »
Gilles Grangier, La cuisine au beurre

32

PARCE QUE DANS LA VIE, IL Y A LES JAMBONS ET LES SALAMIS

On n'est quand même pas venus
pour beurrer les sandwichs !
Michel Audiard, Les tontons flingueurs

33

Mon médecin m'a fait comprendre que je pouvais continuer à en manger

– Le médecin : Dorénavant, plus d'aliments gras !
– Le patient : Je vais vivre plus longtemps ?
– Le médecin : Non, mais le temps va vous paraître plus long.

publié dans les Annales de la faculté de médecine (mais on ne sait plus dans quel numéro !)

Certains voudraient nous l'interdire !

Interdit de boire, interdit de fumer, interdit de manger trop gras ou trop sucré, à force de vouloir nous faire vivre plus longtemps, c'est le goût de vivre qu'ils vont nous enlever.

Marc Lévy, Le voleur d'ombres

35

LES ŒUFS ET LE LARD, C'EST UN MARIAGE D'AMOUR

Les œufs au lard en train de frire
répandaient une odeur vivante.
Jean Giono, L'Iris de Suse

Nous demandâmes qu'au moins elle (l'omelette) fût au lard [...] ;
mais notre hôtesse refusa obstinément parce que c'était samedi
et que M. le curé défendait de faire gras.
Gustave Flaubert et Maxime Du Camp,
Par les champs et les grèves (Voyage en Bretagne)

36

J'aime les lardons.
Pas les enfants !
Ceux qu'on met dans l'omelette
et la salade de pissenlits

37

Le Carnaval approche,
Il faut tourner la broche.
Dicton

C'est Mardi-Gras

et il vaut mieux manger des bugnes qu'en recevoir.

38

J'EN VEUX MÊME EN ÉTÉ SUR LA PLAGE

Sans vendeur de churros, de beignets aux abricots ou de chichi-frégis sur la plage, les vacances à la mer ne sont plus des vacances !

39

On contemple les mutations rapides du lard dont les parties grasses, sous l'effet de la chaleur, deviennent translucides et suantes tandis que les lignes de maigre virent au rose tyrien, au parme, au garance, voire à l'ocre terre de Sienne si on laisse la cuisson se prolonger de quelques secondes.
Philippe Claudel, Parfums

Le lard a nourri la France paysanne

40

Je cuisine à la graisse de canard pour être en bonne santé : ça s'appelle le french paradox

Dans les années 1990, le chercheur Serge Renaud a démontré que la cuisine du Sud-Ouest, riche en graisses (foie gras, confits de canard et d'oie), et la consommation modérée de vin rouge (riche en antioxydants) protègeraient des maladies cardio-vasculaires.

41

Comme aurait dit, ou pas, Marie-Antoinette

Enfin je me rappelai le pis-aller d'une grande princesse
à qui l'on disait que les paysans n'avaient pas de pain,
et qui répondit : « Qu'ils mangent de la brioche. »
Jean-Jacques Rousseau (qui aurait inventé l'anecdote), Les Confessions

42

Parce que le sandwich préféré des Français, c'est le jambon-beurre

J'clap'rais bien un sandouiche-rillettes comme apéritif.
Moi, si j'prends pas un p'tit casse-dalle avant l'repas,
j'mange de moins bon appétit. [...]
– Avec beurre, cornichons, jambon et fromage,
comme tous les authentiques sandouiches-rillettes, mon pote !

San-Antonio, Y en avait dans les pâtes (dixit Bérurier)

43

Le gras joue le rôle de botox naturel contre les rides

Manger du gras, ça donne de bonnes joues
et quand on a de bonnes joues, on n'a pas de rides !

Les triglycérides, ce sont mes produits de beauté à moi.
Une star qui souhaite rester incognito

44

IL VAUT MIEUX FAIRE ENVIE QUE PITIÉ

Pour me sentir bien, j'ai mis entre
moi et les gens 10 cm de graisse
Carlos, chanteur

Il y a des femmes grasses
avec des ombres légères...
Paul Éluard, Capitale de la douleur

À vendange et aux jours gras,
Tous mets sont bons dans le repas.
Dicton

Noël aux dindons, Pâques aux jambons !
Dicton

45 PARCE QU'À L'ASCENSION, NAPPE BLANCHE ET GRAS MOUTON

Dicton

46

– JE VEUX LE BEURRE ET L'ARGENT DU BEURRE !
– ET LE CUL DE LA CRÉMIÈRE ?
– AUSSI !

Antienne populaire

Du beurre, du lard, de la graisse comme on dit en argot.
Où est le gras demanderait un voyou ?
Chez les riches, tiens !
C'est pour ça que les femmes cherchent à épouser des huiles !

Vieille rengaine qui traîne dans la mémoire des faubourgs

Sire ! Enfin vous arrivez pour me sauver [...]
De l'hypolipémie ! Je n'ai plus de gras dans le sang.
Je vais me mettre à peler et à perdre mes cheveux...
Karadoc, philosophe du gras – Kaameloot, Alexandre Astier

JE SUIS 47 LIPOPHILE

Parfaitement, j'ai de l'affinité pour les graisses.

48

Parce qu'on est copains comme cochons

Au fromage et au jambon
l'homme connaît son
compagnon.
François Génin,
philologue français

Copain, c'est son nom.
On l'a appelé copain
comme cochon.
Michel Blanc,
Les Bronzés font du ski

49

JE VOULAIS GOÛTER DE L'HUILE DE TOURNESOL AVEC DU HADDOCK MAIS J'AI FAIT TINTIN

R.G.

50

Parce qu'en Corse, les ripailles entre amis, c'est sacré. Capitu ?

Mais on peut, on doit aussi partager joyeusement
le prisuttu, le lonzu et la coppa comme autant d'hosties
qui nous unissent en une communion païenne.
Deux œufs au plat posés sur de fines tranches de panzetta
poêlées font des joies qui durent.

Patrick de Mari, Cochonneries en tous genres

51

JE PRATIQUE LE SYLLOGISME, VOIRE LE SOPHISME

Le jambon fait boire
Or, le boire désaltère,
Donc, le jambon désaltère.
Michel de Montaigne

52

...ET AUSSI

L'ABSURDE

J'suis sûr qu'il y a du jambon cru de montagne.
Tu sais qu'ils tuent encore le jambon eux-mêmes !

Michel Blanc, Les Bronzés font du ski

Qu'advient-il du trou lorsque le fromage a disparu ?

Bertolt Brecht

53

Pour réparer une injustice : dans la vinaigrette, il y a plus d'huile que de vinaigre, on devrait l'appeler huilette

Pour bien faire la salade,
il faut être quatre :
un avare pour y mettre le vinaigre ;
un prodigue pour l'huile.
Pour le sel... un sage.
Pour le poivre, un fou.
François Coppée, poète français

54

Olives et tapenade

=

l'apéro au son des cigales

55
Les poissons gras ont des qualités que n'ont ni les poissons maigres ni les viandes maigres

Les poissons dits « gras » (saumon, thon, maquereau, anguille, hareng et sardine) sont riches en oméga-3, excellents pour la santé, notamment pour le bon fonctionnement du cerveau (mémoire) et du cœur.

56

RIEN DE TEL QU'UNE FRITURE D'ÉPERLANS POUR ACCOMPAGNER « LE PETIT VIN BLANC »

J'adore les environs de Paris, j'ai des souvenirs de fritures qui sont les meilleurs de mon existence.

Guy de Maupassant, Bel-Ami

57

ON AIME TROP ÇA ! JE DIRAIS MÊME PLUS : ON EN EST FRIAND

Car être friand, c'est aimer les choses frites. Étymologiquement, le mot friand vient du verbe frire. Littéralement, il s'agit donc de quelqu'un qui aime ce qui est frit. Ainsi, les « friandises » devraient désigner des produits ayant rissolé ou frit plutôt que des sucreries.

58

À la crème ou au beurre, la mousse au chocolat, c'est un péché

Si Dieu était une femme, le monde marcherait mieux. Et il y aurait moins de calories dans le chocolat, et plus dans les endives.

Alix Girod de l'Ain, journaliste

Un intellectuel est quelqu'un qui regarde une saucisse et pense à Picasso.
Alan Patrick Herbert, humoriste anglais

59

EUGÈNE BOUDIN ET FRANCIS BACON SONT MES PEINTRES PRÉFÉRÉS

L'un : C'est de l'art ou du cochon ?
L'autre : n'importe, on va s'en payer une tranche !
Anonyme

60

Je suis ch'ti et chauvin : j'aime mieux le saindoux

Mais attention ! Pas du saindoux centrifugé ressemblant à de la paraffine. Non, du vrai saindoux soyeux qui caressait la bouche. Sa mère lui en faisait parfois une tartine au goûter, assaisonnée de sel et de poivre : un accord sauvage qui avait ses faveurs [...].

Blandine Vié, Cochonneries en tous genres

61

Parce que dans choucroute garnie, il y a garnie

Et puis tu ramèneras une choucroute garnie, Pinaud.
Mais pas garnie façon petite bêcheuse, surtout !
Je vois du lard, beaucoup de lard, du fumé, du pas fumé,
du demi-sel ; un jambonneau, aussi et surtout : bien gras.
– Avec des francforts ?
– Un chapelet complet, comme pour une neuvaine, Mec !

San-Antonio, Viva Bertaga

62

Je fais mes choux gras : ça s'appelle une embeurrée de chou et c'est délicieux

Savez-vous beurrer les choux
À la mode, à la mode
Savez-vous beurrer les choux
À la mode de chez nous ?

Refrain de fin de banquet entre Poitou et Vendée
quand on est un peu… beurré !

63

LE GRAS DONNE SON ÂME À LA SOUPE

Je me souviens qu'un jour il a mangé à la maison la soupe d'un beau chou clair, liée de lard, d'huile vierge et un gros cervelas juteux.

Jean Giono, L'eau vive

64

C'EST SIGNE DE PROSPÉRITÉ

Souvent, les Béarnaises flambaient la garbure, c'est-à-dire qu'elles étalaient une couche de graisse de confit à la surface de la soupe, et y mettaient le feu. [...] Même non flambée, une bonne garbure devait « faire des yeux », car avoir de la graisse en abondance était un signe de prospérité.

Vieille tradition béarnaise

65

Le dimanche, c'est rituel : grasse matinée et croissants au beurre

T'as la rondeur d'un croissant au beurre.

Le bossu de Notre-Dame, film d'animation Walt Disney, paroles de Stephen Schwartz

JE VEUX DU FOIE GRAS POUR ACCOMPAGNER MON SAUTERNES

À l'origine, le foie gras se dégustait en entremets, juste avant le dessert. C'est pour cela qu'on l'accompagne d'un vin moelleux. Gras et sucrosité forment une alliance enfin acceptable pour tout organisme civilisé.

Patrick de Mari

67

Je suis chaircuytierpapyrophile

Ne cherchez pas dans le dictionnaire, le mot n'existe pas.
Je l'ai inventé d'après les étymologies des mots dont il se compose.
Avec le sous-titre, ça donne « collectionneur de papiers de charcuterie ».
Et il faut bien que je mange ce qu'ils enveloppent !

68

ON M'A OFFERT UN JOLI HACHOIR À MANIVELLE

Charcutier zélé, l'ogre métamorphosa le joli quadrupède rose en charcutailles qui le ravirent. Parce que le cochon avait tout ce qu'il fallait sur lui : un tas de morceaux pourvus de chair, mais aussi de ce gras savoureux qui manquait tant aux enfants.

Blandine Vié, Cochonneries en tous genres

J'aime le jambon et la saucisse,
J'aime le jambon c'est bon.
Boire un petit coup, c'est agréable, chanson à boire

Pour les grands jours, il faut que les sermons soient courts et que les saucisses soient longues.
Helmut Kohl, chancelier allemand

COMME DIT LE PROVERBE : "SI TU AS ENVIE DE SA SAUCISSE, PAS BESOIN D'ACHETER LE COCHON TOUT ENTIER"

69

70

Quand même, avec toutes ces saucisses, la choucroute, ça a un côté sexuel

Dodo la saumure
citation pastiche

J'aime bien les parties de
jambonneaux !
Déesse K

71

Je me damnerais pour des caillettes, petits pâtés aux formes grassouillettes

– Il y a une terrine ici qui ne me fait pas l'air d'être seulement de la graisse blanche. Il y a quelque chose dessous la graisse.
– Des caillettes ?
– On dirait.
– L'Albert était très fort pour les caillettes. Il avait un don. Si c'est ça, on va se régaler. [...]
– Tu m'en diras des nouvelles. Faites rôtir du pain. C'est en fondant sur le pain chaud que la graisse a tout son goût. [...]
– Si tu y goûtes, la terrine y passe.

Jean Giono, Les âmes fortes

72
JE SOIGNE MON BLUES, JE CHASSE MON SPLEEN

Je prends tous les jours le remède que
l'incomparable Dickens prescrit contre
le suicide. Cela consiste en un verre de vin,
un morceau de pain et du fromage.

Vincent Van Gogh, Lettres à son frère Théo

73

J'ADORE LE HAMBURGER-FRITES AVEC DU VRAI PAIN DE BOULANGER, DU STEAK HACHÉ DEVANT MOI, 2 BELLES FEUILLES DE LAITUE (PAS L'INFÂME ICEBERG), DES RONDELLES DE TOMATE DE JARDIN. ET UNE BELLE ASSIETTE DE FRITES À L'ANCIENNE

Donnez-moi Madam' s'il vous plaît
Du ketchup pour mon hamburger.
William Sheller, Rock'n'dollars

74

AU SOLEIL, C'EST L'HUILE D'OLIVE

Quand j'étais petit, je jouais, puis j'avais faim. Ma mère taillait alors une tartine de pain, elle la saupoudrait de sel, elle l'arrosait d'huile par un large huit de la burette penchée [...] Ainsi s'est aiguisée de longue habitude l'ardente faim de mon cœur. Jamais assez de ce pain. Jamais assez de ce sel, de cette huile.

Jean Giono, Jean le Bleu

Dans les Landes, les chichons
de canard (ou graisserons)
sont les résidus grillés restés
au fond du chaudron une fois
les confits cuits et mis en bocaux
avec leur graisse.
On appelle aussi « chichon »
un joint de cannabis.
Et en plus, en préparer un,
ça s'appelle « rouler un gras »...

75 C'est moins dangereux de manger des chichons que d'en fumer

76

J'AI TOUJOURS UN SAUCISSON EN RÉSERVE AU CAS OÙ DES AMIS ARRIVERAIENT À L'IMPROVISTE

...mais évidemment,
c'est un alibi !

77

Je fais marcher l'économie locale

Je me fais un devoir de goûter les spécialités des régions que je traverse : jambon de Bayonne ou de Lacaune, rillettes du Mans, andouillettes de Troyes, saucisses de Toulouse, de Morteau et de Montbéliard, andouilles de Vire ou de Guéméné, tripoux d'Auvergne, rosette et jésus de Lyon, boudin de Mortagne. Et tant d'autres...

Tremper des mouillettes beurrées dans un œuf à la coque : un pur délice

78

C'est du beurre extra qui vient des Charentes.
Il tartine, c'est une merveille.
Jean Dutourd, Au bon beurre

79

Vaches grasses, bœufs gras, veaux gras, oies grasses, canards gras, chapons gras font les coqs en pâte

Chapon de huit mois,
manger de rois.
Dicton

Depuis qu'il arbore la rosette de la Légion d'honneur à la boutonnière, le sous-préfet Auchan exige qu'on ne serve plus que des rondelles de ce saucisson aux cocktails de la sous-préfecture.

80 Parce que je suis MÉGALO

81

FOUETTÉE EN CHANTILLY, LA CRÈME C'EST PLUS LÉGER, PUISQU'IL Y A PLEIN D'AIR DEDANS !

La vie n'est que de l'ennui
ou de la crème fouettée.
Voltaire, Lettre à Madame de Champbonin

82

La viande persillée est plus tendre et plus savoureuse

Le must c'est l'intense marbré
intramusculaire du bœuf *wagyu*
et les veines de gras du jambon *iberico*
qui en font des viandes de légende.

83

PARCE QUE JE N'AI PAS UN APPÉTIT D'OISEAU ET QUE JE N'AIME PAS CHIPOTER

Qu'est-ce que c'est que ce style de bouffer des petits machins tout secs et trois gallons de flotte par jour [...] ? Si la jeunesse se met à croire à ces conneries, on se dirige tout droit vers une génération de dépressifs ! Le gras, c'est la vie.

Karadoc, philosophe du gras – Kaameloot, Alexandre Astier

84

Par ici la bonne soupe !

La marmite bouillait. Tant mieux si par hasard la soupe
était un ciel tout étoilé de beurre.

René Fallet, La grande ceinture

85

LE CONFIT, C'EST PAS GRAS

Lors d'un mouvement social chez un fabricant de foie gras et autres produits du Périgord, le PDG de l'entreprise, en guise de contestation vis-à-vis de ses salariés, a déployé une grande banderole depuis son bureau sur laquelle on pouvait lire : « Le conflit d'oie cesser ».

Damien Caillaud, Une boîte de petits « moi »

86

TIENS, VOILÀ DU BOUDIN !

Des tranches de boudin, frites à la poêle, je gardais la tripe pour la fin. Cette peau craquante et grasse était le meilleur de la rondelle – et je le pense encore aujourd'hui. Parfois, j'arrivais à dérober les peaux croustillantes que les autres dédaignaient.

Marie Rouanet, Petit traité romanesque de cuisine

Aujourd'hui, on sait que pour avoir un bon cerveau, le cholestérol et les acides gras, les briques élémentaires des graisses, sont essentiels ; les oméga-3 en particulier sont sur le devant de la scène. Et seule une alimentation suffisamment « riche » en graisses apporte tous ces éléments.

Jean-Marie Bourre, Cerveau&Psycho.fr

C'est bon pour la santé

87

88

JE VEUX METTRE DU BEURRE DANS MES ÉPINARDS

Les belles paroles ne beurrent pas les épinards.

Proverbe anglais

Le succès commercial, le seul qui vaille.
Les succès d'estime ne conduisent jamais qu'aux épinards sans beurre.

Pierre Desproges, Fonds de tiroir

89

PEU DE GRAISSE, PEU DE RAGOÛT

Proverbe français

Or il faut une matière grasse pour démarrer un ragoût et faire rissoler les viandes avant de les faire mijoter. Il n'y a que comme ça que c'est ragoûtant ! Idem pour toutes les sauces de la cuisine classique à base de roux, c'est-à-dire d'un mélange de beurre et de farine que l'on fait plus ou moins colorer.

90

Je fais un régime monodiète. Je ne mange plus que du fromage triple crème : du brillat-savarin.

J'fais un sort au brie et j'vous
rejoigne p'tet', dit Bérurier.
Coulant comme le v'là, il passerait
pas la journée ! Ces frometons
à pâte grasse, c'est pis qu'des
poires : avant l'heure c'est trop tôt,
après l'heure c'est trop tard !

San-Antonio, Allez donc faire ça plus loin

91

Parce que je me trouve **plus sexy** avec **mes poignées d'amour**

Et puis ça réchauffe quand il fait froid :

Elle : Ça réchauffe et ça protège. Regarde les ours, ils font toujours des réserves de gras avant d'hiberner !

Lui : Oui mais tu ne vas pas hiberner... seulement faire la grasse matinée.

92

JE PRÉFÈRE LES HUÎTRES GRASSES, SURTOUT QUAND ELLES SONT ACCOMPAGNÉES DE CRÉPINETTES, À LA BORDELAISE, POUR UN ACCORD TERRE ET MER IMPERTINENT

Les huîtres sont mignonnes et grasses,
semblables à de petites oreilles enfermées
en des coquilles, et fondant entre le palais
et la langue ainsi que des bonbons salés.

Guy de Maupassant, Bel-Ami

98

LES CHIPS ET LES CACAHUÈTES, JE N'Y RÉSISTE PAS

La chips est la seule contribution
de l'Empire britannique à l'art culinaire.
John Cleese

Les cacahuètes, c'est le mouvement perpétuel
à la portée de l'homme.
Jean-Claude Van Damme

94

On n'emmène pas des saucisses quand on va à Francfort

Michel Audiard, Le Pacha

... mais on peut en rapporter !

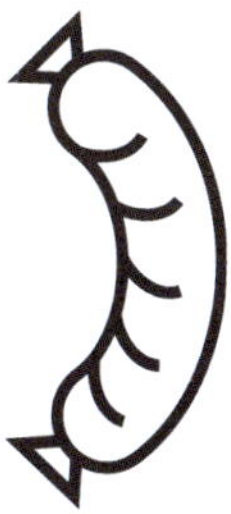

95

LA MAYONNAISE : UNE SAUCE QU'ON MANGE À TOUTES LES SAUCES !

Mais la mayo, c'est pas bon pour le maillot...

Noémi lisait dans sa chambre. On venait d'apporter son petit déjeuner : une tarte aux noix et une langoustine à la mayonnaise. Elle ménageait son foie qu'elle avait sensible.

Boris Vian, Les fourmis

96

J'ai adopté l'huile d'olive pour vivre vieux comme les Crétois

Le régime méditerranéen (encore appelé régime crétois, ou diète méditerranéenne) préconise une consommation abondante* d'huile d'olive vierge (entre autres) et serait le secret de la longévité des Crétois.

**En Crète, on consomme 50 fois plus d'huile d'olive qu'en France (Denis Corpet et Mariette Gerber, Alimentation méditerranéenne et santé).*

Le bout de gras était le morceau de lard que les paysans mettaient dans une boule à trous et trempaient dans la soupe pour lui donner du goût… mais pas trop longtemps pour l'économiser. Il servait ainsi plusieurs fois de suite. Par métaphore, discuter le bout de gras, c'est discuter de choses et d'autres, à l'instar du lard qui allait d'une soupe à l'autre.

POUR DISCUTER LE BOUT DE GRAS

97

98

Pas de matière grise sans matières grasses

Les scientifiques estiment que pour nourrir notre cerveau, il faut consommer au minimum 12 g de matières grasses (bons gras) par jour.

Le cerveau est l'organe le plus gras du corps humain. Plus de 55 % de son poids sec est constitué de graisses.

Jean-Marie Bourre, La nouvelle diététique du cerveau

99

JE CHERCHE LA SUBSTANTIFIQUE MOELLE SI CHÈRE À RABELAIS DANS LES OS DU POT-AU-FEU

Le gras, c'est le Graal !

Blandine Vié

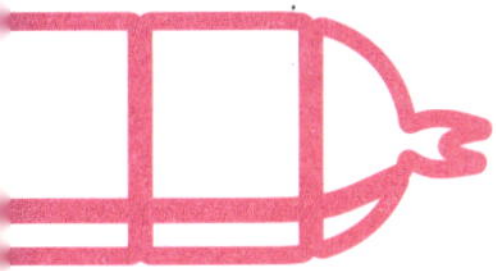

100

Parce que comme dit le proverbe, tout a une fin… sauf le saucisson, qui en a deux !

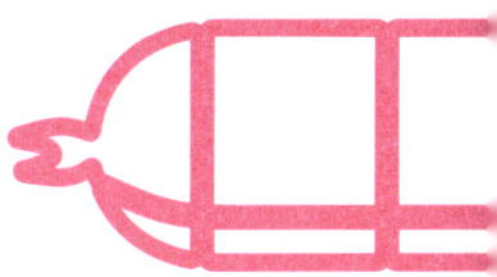

La citation est à la littérature
ce que la rondelle est au saucisson.

Daniel Picouly, Le cœur à la craie

& bien sûr

L'abus de gras est dangereux
pour la santé, consommez
avec modération, et pratiquez
une activité physique

www.gretagarbure.com